Lo que los volcanes
nos enseñan sobre la Tierra

Miriam Coleman
Traducido por Alberto Jiménez

PowerKiDS
press.

Nueva York

Published in 2016 by The Rosen Publishing Group, Inc.
29 East 21st Street, New York, NY 10010

First Edition

Editor: Sarah Machajewski
Book Design: Katelyn Heinle
Translator: Alberto Jiménez

Photo Credits: Cover Pablo Hidalgo/Shutterstock.com; p. 5 Ammit Jack/Shutterstock.com; p. 7 daulon/Shutterstock.com; p. 8 beboy/Shutterstock.com; p. 9 Robert Crow/Shutterstock.com; p. 10 Pichugin Dmitry/Shutterstock.com; p. 11 Tony Northrup/Shutterstock.com; p. 13 (main) http://commons.wikimedia.org/wiki/File:Bands_of_glowing_magma_from_submarine_volcano.jpg; p. 13 (inset) Vitoriano Junior/Shutterstock.com; p. 14 Henner Damke/Shutterstock.com; p. 15 Peter Hermes Furian/Shutterstock.com; p. 17 (shield volcano) Michele Falzone/Photodisc/Getty Images; p. 17 (cinder cone volcano) Chris Harris/All Canada Photos/Getty Images; p. 17 (composite volcano) suronin/Shutterstock.com; p. 18 (before) http://commons.wikimedia.org/wiki/File:Mount_St._Helens_1979.jpg; p. 18 (after) Robert Crum/Shutterstock.com; p. 19 Science Source/USGS/Science Source/Getty Images; p. 21 Photo Researchers/Science Source/Getty Images; p. 22 Suwit Gamolglang/Shutterstock.com.

Library of Congress Cataloging-in-Publication Data

Coleman, Miriam.
Lo que los volcanes nos enseñan sobre la Tierra / by Miriam Coleman, translated by Alberto Jiménez.
p. cm. — (Las Ciencias de la Tierra: detectives de nuestro planeta)
Includes index.
ISBN 978-1-4777-5779-6 (pbk.)
ISBN 978-1-4777-5781-9 (6-pack)
ISBN 978-1-4777-5782-6 (library binding)
1. Volcanoes — Juvenile literature. 2. Plate tectonics — Juvenile literature. 3. Earth sciences — Juvenile literature. I. Coleman, Miriam. II. Title.
QE521.3 C65 2015
551.21—d23

Manufactured in the United States of America

CPSIA Compliance Information: Batch #WS15PK: For Further Information contact Rosen Publishing, New York, New York at 1-800-237-9932

CONTENIDO

UN PLANETA CALIENTE E INQUIETO

La Tierra cambia de forma debido a las poderosas fuerzas que operan bajo nuestros pies. A gran profundidad, el calor y la **presión** trabajan sin descanso. No podemos verlo, pero cuando los volcanes entran en **erupción**, **revelan** importantes pistas sobre lo que está pasando allá abajo.

Los científicos, llamados vulcanólogos, estudian los volcanes para buscar pistas sobre nuestro mundo. Examinan cómo se formaron y cuándo podrían hacer erupción de nuevo. También analizan cómo han cambiado el planeta a lo largo del tiempo y cómo siguen transformándolo. ¿Qué indicios nos proporcionan estas montañas ardientes sobre el pasado, el presente, y el futuro de la Tierra?

PARA QUE SEPAS
La palabra "volcán" proviene de Vulcano, el dios romano del fuego.

Este volcán es uno de los muchos que se encuentran por todo el planeta.

PARTES DE UN VOLCÁN

Un volcán es una abertura en la corteza terrestre que permite que roca **fundida**, cenizas y gases salgan a la superficie a través de un conducto llamado chimenea. La chimenea baja desde la cima del volcán hasta un espacio lleno de roca fundida, o magma.

El magma se almacena en ese espacio, denominado cámara magmática, donde el calor y la presión son tan enormes que impulsan el magma hacia arriba, a través de la chimenea: la roca fundida, la ceniza, y el gas surgen por la boca del volcán, o cráter.

PARA QUE SEPAS

Una vez que sale al exterior, el magma se denomina lava. Al principio la lava está caliente, pero tras enfriarse y endurecerse da lugar a un tipo de roca llamada roca ígnea.

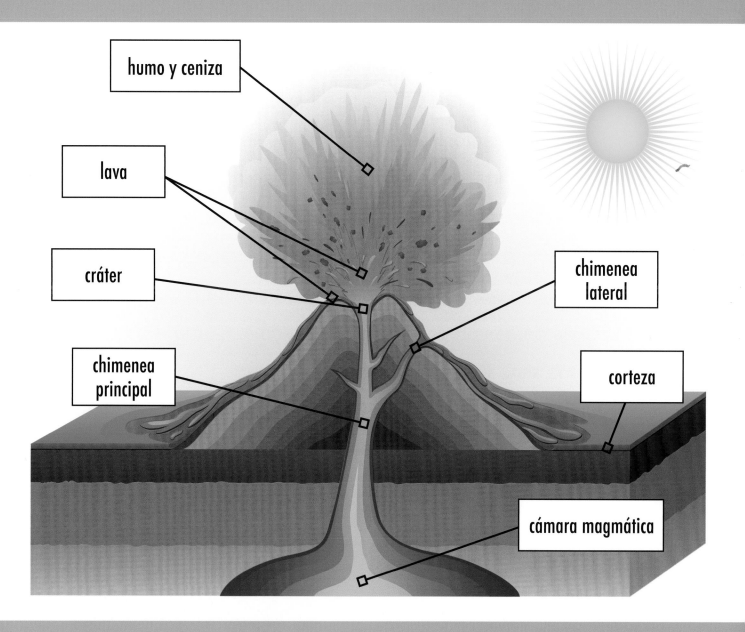

humo y ceniza

lava

cráter

chimenea
principal

chimenea
lateral

corteza

cámara magmática

Muchos volcanes tienen chimeneas laterales además de la principal. Una chimenea lateral es un conducto en la ladera del volcán por el cual este arroja lava, ceniza y gas.

¿CÓMO SE FORMAN LOS VOLCANES?

Los científicos dividen la Tierra en **capas**. La corteza rocosa es la capa superior. La capa situada debajo de la corteza se llama manto. Parte del manto es sólido y la otra parte es roca blanda, que fluye. El magma se origina en la roca blanda, asciende, y se acumula en la cámara magmática.

Cuanto más magma sube, más aumenta la presión interna de la cámara, en cuyo incremento también colaboran las burbujas de gas producidas por el magma. Como la presión y las altas **temperaturas** necesitan una vía de escape, la presión empuja el magma a través de la chimenea y lo expulsa a la superficie.

Al enfriarse, la lava forma nuevo terreno que cambia la **topografía**. Esta es una de las formas en que los volcanes afectan a la Tierra.

TIPOS DE MAGMA

La violenta erupción de un volcán es todo un espectáculo. Hay diferentes clases de lava que derivan de tres tipos distintos de magma.

El magma basáltico es el más caliente. ¡Puede alcanzar 2,192°F (1,200 °C)! Se precipita al exterior como lava fluida. El magma andesítico, que llega a 1,832°F (1,000°C), es una pasta viscosa llena de fragmentos rocosos, acompañada por lluvia de ceniza y **piedra pómez**.

El magma riolítico solo alcanza 1,472°F (800°C), pero contiene gran cantidad de gas y es muy explosivo. Los volcanes con este tipo de magma generan lavas muy fluidas, piedra pómez y ceniza.

¿Qué tipo de magma burbujea bajo este volcán? Los vulcanólogos no lo sabrán hasta que entre en erupción.

PLACAS Y VOLCANES

Los científicos creen que la corteza terrestre y el manto superior conforman una capa rocosa dividida en piezas gigantescas, llamadas placas tectónicas, que encajan como en un rompecabezas. Estas placas flotan sobre la capa fluida del manto, por lo que se mueven muy despacio y pueden chocar entre sí o separarse.

¿Qué tiene esto que ver con los volcanes? Que la mayoría de ellos aparecen en las fronteras, o límites, entre placas. Cuando dos placas se separan, el magma sube por la fisura resultante; cuando chocan, una de las dos se introduce debajo de la otra y se funde en parte, lo que origina un magma que atraviesa la corteza terrestre.

PARA QUE SEPAS

Si dos placas se separan, el magma aflora a la superficie como lava a través de una cadena de volcanes llamada dorsal. Las dorsales suelen encontrase en el fondo del océano.

placa

magma

placa

Según los científicos, los volcanes oceánicos crearon la tierra firme. A medida que la lava se enfriaba y se convertía en roca se fue acumulando durante millones de años y dio lugar a las masas terrestres.

¡CALIENTE, CALIENTE!

Algunos volcanes se originan en mitad de las placas en vez de en sus límites. Se deben a los llamados puntos calientes, zonas de muy alta temperatura en el interior del manto. Al derretir la roca de la placa situada sobre ellos, estos puntos generan gran cantidad de magma, que sale a la superficie y origina volcanes.

El punto caliente permanece en el mismo lugar, pero la placa situada sobre él se desplaza. Esto significa que el mismo punto puede causar varios volcanes. ¡Un solo punto caliente formó todas las islas de Hawai! Cada volcán oceánico produjo suficiente magma para crear una isla antes de que la placa se moviera y apareciese un nuevo volcán.

Haleakalā, en la isla de Maui,
es uno de los muchos volcanes de Hawai.

PARA QUE SEPAS

El punto caliente de Hawai, que lleva unos 70 millones de años creando volcanes, ¡ha dado lugar a una cadena volcánica de más de 3,100 millas (5,000 km) de largo!

Kauai

Niihau

OCÉANO PACÍFICO

Oahu

Molokai

Lanai

Maui

OCÉANO PACÍFICO

Kahoolawe

Hawai

H A W A I

El archipiélago de Hawai y sus volcanes dan **evidencia** tanto de la existencia de un punto caliente en el océano Pacífico como del movimiento de la placa situada sobre dicho punto.

TIPOS DE VOLCANES

La forma de un volcán indica a los científicos de la manera que hace erupción. Los volcanes cono de ceniza arrojan lava y rocas por su cráter en forma de cuenco. Esta materia sale y se enfría cerca de la boca, y forma un cono empinado.

Los volcanes escudo son montañas de perfil ancho con pendientes suaves. Se forman cuando una lava delgada se extiende sobre el terreno y llega a cubrir varios kilómetros de diámetro. Además de arrojar lava, los volcanes compuestos provocan violentas explosiones que expulsan cenizas, escoria y rocas. Estas diferentes materias se acumulan por capas y originan conos escarpados.

PARA QUE SEPAS

Dos de los volcanes más activos del mundo, el Kilauea y el Mauna Loa, en Hawai, son volcanes escudo.

volcán cono de ceniza

volcán compuesto

volcán escudo

Los volcanes cono de ceniza rara vez miden más de 1,000 pies (305 m) de altura. Algunos volcanes escudo son enormes. ¡El Mauna Loa se eleva casi 14,000 pies (4,267 m) sobre el nivel del mar! Los volcanes compuestos pueden alcanzar una altura de 8,000 pies (2,438 m).

ERUPCIONES EXTREMAS

Los volcanes son muy **peligrosos** cuando entran en erupción. La lava ardiente puede destruir todo a su paso. Sin embargo, la lava no es lo peor. El flujo piroclástico, una mezcla de gas muy caliente y rocas que corre a gran velocidad, es más peligroso. Derriba y sepulta lo que encuentra a su paso e incendia bosques y edificios. A veces, además, los volcanes provocan avalanchas de lodo, **deslizamientos de tierra**, o lluvias de ceniza que sepultan granjas y destruyen cultivos.

Monte Santa Helena, antes

Monte Santa Helena, después

Los volcanes han transformado la topografía y el paisaje de la Tierra muchas veces. La erupción del Monte Santa Helena en 1980 causó estragos en 230 millas cuadradas (596 km²) a la redonda, arrasando ciudades, lagos, ríos y bosques.

La nube de ceniza y gases llega a ser tan densa que oculta el sol y puede cambiar el **clima** del planeta.

Debido a la capacidad destructiva de un volcán, los científicos buscan pistas para saber si hará erupción. Hay tres señales importantes de advertencia: el aumento de terremotos en la zona (indica que el magma sube hacia la superficie), el incremento de la temperatura de los gases o de su expulsión, y el cambio de forma del volcán (si el magma asciende, empuja las rocas y origina **protuberancias** en las laderas).

PARA QUE SEPAS

Un volcán activo es el que entra en erupción periódicamente. Un volcán inactivo es el que no ha entrado en erupción desde hace tiempo, pero podría hacerlo en el futuro. Un volcán extinguido es aquel que nunca hará erupción de nuevo.

Estos vulcanólogos examinan volcanes para saber lo que pasa en el interior de la Tierra. Encontrar y reconocer las señales previas puede ayudar a la gente a prepararse ante una erupción.

APRENDER SOBRE LA TIERRA

Los vulcanólogos tienen muchas maneras de estudiar los volcanes. Observan el terreno que los rodea, con lo que averiguan las erupciones pasadas, miden la actividad sísmica y las variaciones de temperatura, escalan las laderas para examinar los cambios del terreno y entran en los cráteres a fin de ver dónde comienza el flujo de lava. Además, recogen muestras de rocas y cenizas.

Los más valientes examinan la lava caliente con trajes especiales que los protegen del calor. Estudiar volcanes conlleva a veces riesgos, pero proporciona pistas importantes sobre lo que ocurre muy por debajo de la superficie terrestre.

GLOSARIO

capa: Cada una de las partes superpuestas que forman un estrato.

clima: Condiciones atmosféricas de una región durante un período de tiempo.

deslizamiento de tierra: Desplazamiento del terreno de una montaña o un precipicio.

determinar: Provocar que algo ocurra de cierta manera.

erupción: Un volcán que entra en erupción, es decir, que arroja lava, ceniza y gases.

evidencia: Hacer patente y manifiesta la certeza de algo.

fundir: Derretir, convertir un sólido en líquido.

peligroso: Que tiene riesgo o puede causar daño.

piedra pómez: Roca volcánica muy ligera.

presión: Fuerza ejercida sobre algo.

protuberancia: Prominencia redondeada.

revelar: Descubrir lo ignorado.

temperatura: Cantidad de calor o frío de un cuerpo o del ambiente.

topografía: Características visibles de una determinada zona.

ÍNDICE

SITIOS DE INTERNET

Debido a que los enlaces de Internet cambian a menudo, PowerKids Press ha creado una lista de los sitios Internet que tratan sobre el tema de este libro. Este sitio se actualiza con regularidad. Por favor, usa este enlace para ver la lista: www.powerkidslinks.com/det/volc